ESTE DIARIO PERTENECE A UNA CHICA MUY ESPECIAL. ¡ESA CHICA ERES TÚ!

¡Haz que cobre vida con tus lápices de colores!

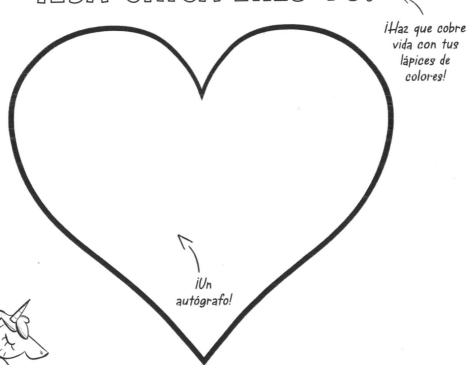

¡Un autógrafo!

Pragya Tomar

Traducción de Ángela Esteller García

MOLINO

Dedicado a Nishka:
fuiste la respuesta
cada vez que levanté
los ojos hacia el cielo
pidiendo un milagro...

Papel certificado por el Forest Stewardship Council®

MIXTO
Papel procedente de
fuentes responsables
FSC® C117695

Penguin
Random House
Grupo Editorial

Título original: *Hey Girl! Empowering Journal for Girls*

Primera edición: junio de 2023

Publicado originalmente por PenMagic Books, LLC, en 2020.

© 2020, Pragya Tomar, por el texto y las ilustraciones
© 2023, Penguin Random House Grupo Editorial, S. A. U.
Travessera de Gràcia, 47-49. 08021 Barcelona
© 2023, Ángela Esteller García, por la traducción
Diseño de interior: Michela Fiori

Printed in Spain – Impreso en España

ISBN: 978-84-272-3586-1
Depósito legal: B-7.889-2023

Compuesto en Aura Digit
Impreso en Gómez Aparicio, S. L.
Casarrubuelos (Madrid)

MO 35861

¡Hola!

Me llamo Pragya y he escrito este diario para ti. Quiero compartir contigo mi experiencia porque creo que puedo ayudarte a que te conviertas en una joven segura de sí misma, entusiasta y sensata.

Una buena actitud y una mentalidad adecuada pueden cambiarte la vida. Escribí este diario de todo corazón para mi hija, y ella me animó a compartirlo con todas las chicas del mundo. Quiero que sepas que creo en ti y que mi deseo es ayudarte a que te conozcas mejor para que puedas vivir una vida más plena y feliz.

Con mucho amor y agradecimiento,
Pragya Tomar

Eres increíble

Recuerda

Este diario es un lugar privado en el que compartir tu realidad única. Te ayudará a explorar y a conocerte mejor, así que anota con total libertad tus ideas y opiniones.

SIENDO TÚ MISMA,
LE BRINDAS AL MUNDO
ALGO
MARAVILLOSO
QUE NO HABÍA ANTES.

¡Píntalo con tus colores favoritos!

Edwin Elliot

Mi nombre real es:

El nombre que me gustaría tener es:

Mis colegas me llaman:

Mis padres me llaman:

Idiomas que hablo:

Mi mejor amiga/o:

Mi cumple es:

Mis años:

Nací en (provincia/país):   (ciudad):

Me gustaría ser de:

Mi mayor secreto:

Mi firma:

¡Selfi!

Eres increíble

¡SOBRE TI!

Soy ○ hija única ○ la menor ○ la mediana ○ la mayor

Dibújate

Mis ojos son de color:

○ verde

○ azul

○ marrón

○ negro

○ otro: _____

Tengo el pelo:

○ corto

○ largo

○ rizado

○ liso

Estoy estudiando: _____

Me encanta ponerme:
_____

Me levanto a las: _____

Me acuesto a las: _____

Las cinco palabras que me describen:

○

○

○

○

○

El nombre de mi mascota:
_____

Vivo con:

○ mis padres

○ uno de mis padres

○ mis abuelos

○ mis hermanos

○ un tutor

5 COSAS QUE ME GUSTAN DE MÍ...

1)

2)

3)

4)

5)

Eres increíble

SÉ TÚ MISMA.

TU SINGULARIDAD ES

MUCHO MÁS INTERESANTE

Y VALIOSA QUE TU

CAPACIDAD DE

AMOLDARTE.

¡Coloréalo con amor!

CUÉNTAME MÁS:

Mi color favorito es...

Mi asignatura favorita es...

Me pongo supercontenta cuando...

Mi película favorita es...

Mi comida favorita es...

No soporto que...

Ayer, me...

La mayoría de la gente no sabe que yo...

Si me tocara la lotería...

Mañana, me...

Ahora me siento muy...

Mi recuerdo favorito es...

Eres increíble

SOY UNA OBRA MAESTRA.

¡Eres única! ¡Una obra maestra! En el mundo no hay nadie como tú. Eres preciosa, cariñosa, muy buena e increíblemente única. En tu interior hay sueños e ideas que nadie más ha tenido; son solo tuyos, ¡y el mundo los necesita! No trates de ser otra persona, excepto tú misma. Eres fuerte, maravillosa y valiente. ¡Eres lo que yo definiría como perfecta!

Por favor, ¿puedes colorear estas afirmaciones y leerlas en voz alta?

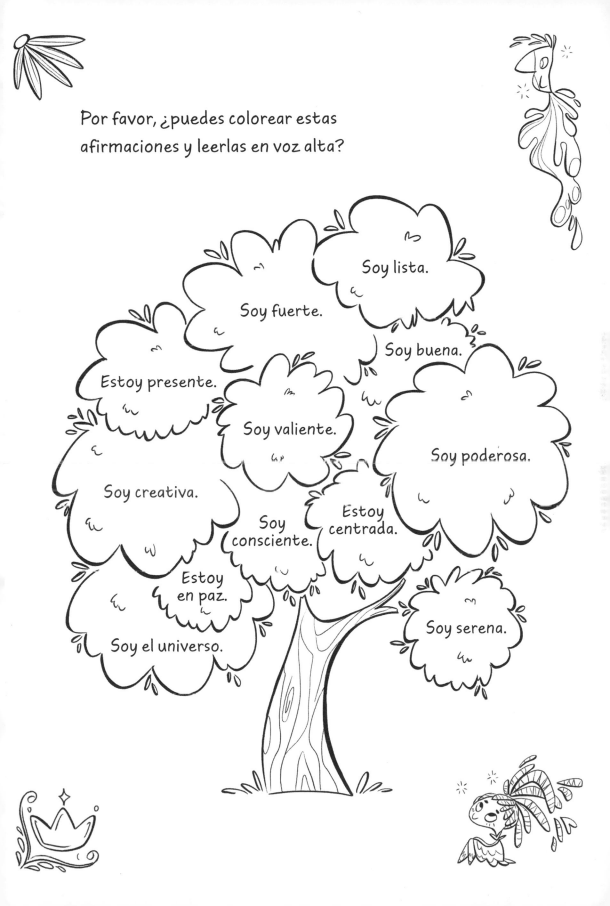

Soy lista.

Soy fuerte.

Soy buena.

Estoy presente.

Soy valiente.

Soy poderosa.

Soy creativa.

Soy consciente.

Estoy centrada.

Estoy en paz.

Soy el universo.

Soy serena.

LO MÁS GUAY

Estación: _____

Película: _____

Programa de televisión: _____

Libro: _____

Tienda: _____

Sabor de helado: _____

Asignatura: _____

Juego: _____

Mes: _____

Comida/picoteo: _____

Actor: _____

Actriz: _____

Cantante: _____

Fruta: _____

Pizza: _____

Actividad al aire libre: _____

Restaurante: _____

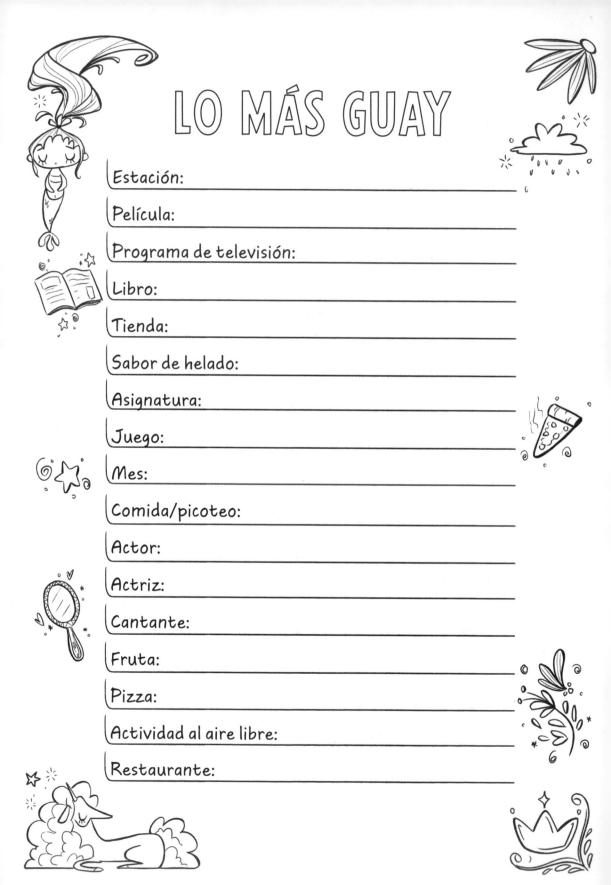

LO NO TAN GUAY

Estación: _____

Película: _____

Programa de televisión: _____

Libro: _____

Tienda: _____

Sabor de helado: _____

Asignatura: _____

Juego: _____

Mes: _____

Comida/picoteo: _____

Actor: _____

Actriz: _____

Cantante: _____

Fruta: _____

Pizza: _____

Actividad al aire libre: _____

Restaurante: _____

Eres increíble

DOY LAS GRACIAS.

La gratitud te ayuda a enamorarte de la vida que ya tienes. ¡La vida es tan corta y pasamos tanto tiempo preocupándonos por tonterías! En lugar de concentrarnos en todo lo bueno que nos rodea, nos angustiamos y nos comparamos, deseando y esperando a que llegue algo nuevo o mejor.

Así que toma distancia y mira todo lo bueno que ya tienes. La gratitud hace que lo que ya tenemos sea suficiente. Mediante la práctica de la gratitud, se manifiestan en nuestros corazones y en nuestras vidas la felicidad, la plenitud y la paz. La gratitud crea el más maravilloso de los sentimientos.

Es capaz de resolver conflictos.

Es capaz de estrechar lazos de amistad.

Y nos convierte en mejores seres humanos.

Rellénalo

las oportunidades para mejorar que me brinda cada nuevo día.

DOY LAS GRACIAS POR

Eres increíble

Cosas que agradecer:

Una de mis fortalezas por la que estoy agradecida:

_____

Algo que el dinero no puede comprar por lo que estoy agradecida:

_____

Algo que me consuela por lo que estoy agradecida:

_____

Algo divertido por lo que estoy agradecida:

_____

Algo en la naturaleza por lo que estoy agradecida:

_____

Un cambio por el que estoy agradecida:

_____

Un recuerdo por el que estoy agradecida:

_____

Un reto por el que estoy agradecida:

_____

Algo bonito por lo que estoy agradecida:

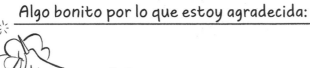

Cosas que me apasionan

¡Anota y dibuja las cosas que te apasionan en estos corazones!

Me apasiona...

Me apasiona leer...

Me apasiona jugar a...

Me apasiona hacer...

Me apasiona crear...

Me apasiona ver...

Me apasiona comer...

Eres increíble

Cuenta la historia de tu familia.
Todas las familias tienen una historia.

foto o dibujo de tu familia

Mi familia la componen:

_____

_____

_____

_____

La historia de mi familia

Eres increíble

CREO EN MÍ.

«Cuando uno cree en sí mismo, no trata de convencer a los demás. Cuando uno está satisfecho consigo mismo, no busca la aprobación de los demás. Cuando uno se acepta, todo el mundo lo acepta». - Lao Tse

¡Eres poderosa! Y el primer secreto del éxito es creer en ti misma. Eres más fuerte de lo que crees, más lista de lo que piensas y capaz de mucho más de lo que imaginas. Una de nuestras mayores debilidades es la falta de confianza. Sé paciente y amable contigo misma. Nunca te juzgues ni te valores basándote en las opiniones de los demás. ¡Camina con paso seguro hacia tus sueños! Vive la vida que has imaginado. En cuanto empieces a creer en ti misma, vas a conseguir grandes cosas. ¡Sin esfuerzo no hay progreso!

¿Alguna vez has hecho algo que no te atrevías a hacer?
¿Cómo te sentiste al lograrlo? Explícalo.

¿Cómo te sientes cuando alaban algo en lo que has
trabajado duro?

Cuando te sientes segura y confiada, ¿qué emociones
experimentas?

Eres increíble

SOY AMABLE CONMIGO MISMA.

«La relación que estableces contigo misma es la base de todas las relaciones que tienes». - Jane Travis

¡Eres valiosa! Así que trátate con amabilidad. Solo tú decides lo que vales. Tú, tú misma, tanto como cualquier otra persona, te mereces todo tu amor y amabilidad. Empieza por quererte con compasión y por completo. Sé tu mejor amiga. Anímate, elógiate, motívate y cuídate mucho. No puedes separarte de ti misma, así que invierte tiempo en conocerte, en forjar una buena relación contigo misma y en disfrutar de tu compañía.

Es hora de:

QUERERME
RESPETARME
ADMIRARME
PERDONARME
ACEPTARME
CUIDARME
¡HA LLEGADO EL DÍA!

SOY LA AUTORA DE MI HISTORIA.

¿Y si tuvieras el poder de escribir tu propia historia, la historia de cómo será tu vida? ¿Lo harías? ¿Tomarías las riendas de tu historia?

Eres la autora de tu propia historia. Si te quedas bloqueada, recuerda que tienes el poder de pasar página cuando quieras y empezar un nuevo capítulo. Tu vida es un libro que se está escribiendo en este momento, y tú eres su autora. Deshazte de aquello que no encaja. Añade más de lo que te hace feliz. Apunta alto y empieza a escribir tu nueva aventura. Busca los personajes que te ayudarán a lo largo del viaje. Aprovecha los capítulos centrales, llenos de emoción y posibilidades. Escribe tu propia historia, porque tú eres la única que puede hacerlo. ¡Escríbela con pasión, con amor! Tienes la fuerza para crear tu propia historia.

Nadie más puede contar tu historia, así que cuéntala tú. Nadie más puede escribir tu historia, así que escríbela tú.

¡Escribe tu historia!

Eres
increíble

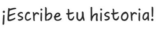

¡Escribe tu historia!

¡Escribe tu historia!

_____

_____

_____

_____

_____

_____

_____

_____

_____

_____

_____

_____

_____

_____

_____

_____

_____

_____

_____

_____

_____

_____

_____

Eres increíble

ME DESPRENDO DE TODO AQUELLO QUE YA NO ME SIRVE.

«Cuando dejo ir lo que soy, me convierto en lo que podría ser». - Lao Tse

¡Eres valiente! No arruines un día bueno pensando en uno malo. Puedes desperdiciar tu valioso tiempo pensando una y otra vez en lo que podría haber ocurrido o decidir seguir adelante, así de simple. No tengas miedo de alejarte de aquellas cosas, lugares o personas que te hacen sentir triste. Sé consciente de cuáles son tus pensamientos y qué camino toman. Deja de repetir mentalmente recuerdos molestos. Deja de preocuparte por el futuro.

Respira. Céntrate en el presente. Y busca un pensamiento feliz que te ayude a sentirte mejor en este preciso momento. Nacemos de nuevo con cada amanecer. Lo que hacemos hoy es lo más importante. A partir de hoy, suelta lo que se ha ido, aprecia lo que queda y espera con entusiasmo lo que está por llegar. La vida nos enseña el arte de soltar, de dejar ir. Cuando hayas aprendido a soltar, serás feliz.

Date tiempo para: Aceptar lo que es.

Dejar ir lo que fue.

Confiar en lo que será.

Para practicar la atención plena

SUÉLTALO.

Escribe en el interior de los globos algunas de las cosas que te ponen nerviosa o te molestan.

Cierra los ojos.

Imagina que agarras los globos.

Imagina que los sueltas.

Imagina que tus preocupaciones vuelan con los globos.

Deja que se vayan.

Respira hondo y abre los ojos.

¿Y tus preocupaciones?

¿Se han ido volando con los globos?

Eres increíble

LOS AMIGOS ME DAN FUERZA.

Tenemos colegas, tenemos familia y, a veces, esas amigas y amigos acaban convirtiéndose en familia. ¡Quédate con los que despiertan tu magia! No es fácil conectar así, sin más, con mucha gente. Si las encuentras, ¡aférrate a ese tipo de personas!

Cuéntame más cosas sobre tus colegas.

Nombre: _____

Somos colegas porque:

Foto o dibujo

Nombre: _____

Somos colegas porque:

Foto o dibujo

Nombre: _____

Somos colegas porque:

Nombre: _____

Somos colegas porque:

Nombre: _____

Somos colegas porque:

Eres increíble

Dibuja a una persona a la que quieras.

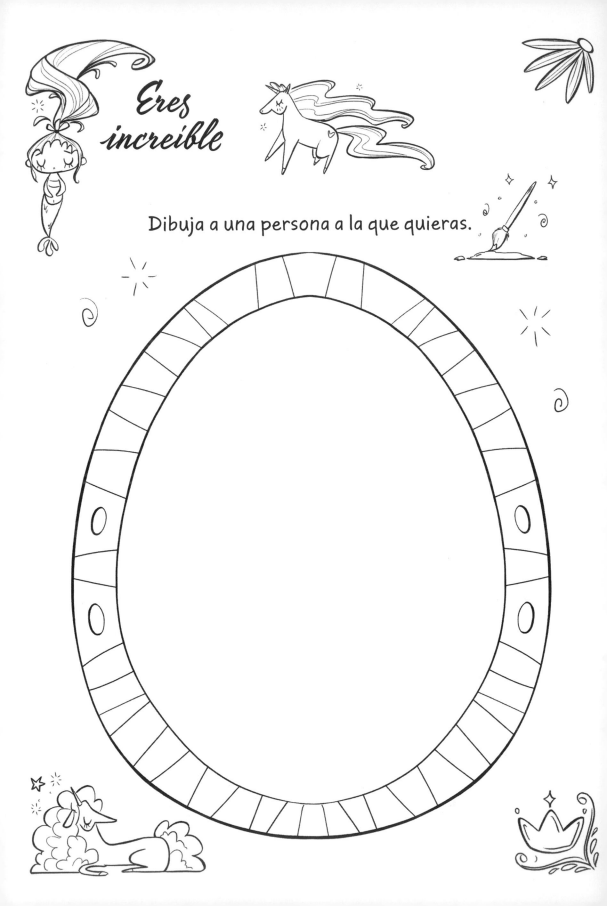

IMAGINA que pides un deseo para las personas a las que quieres.

¿Qué desearías?

Eres increíble

¡SOY FUERTE. SUEÑO A LO GRANDE. ¡DOY LO MEJOR DE MÍ MISMA!

«La magia ocurre cuando no te rindes, aunque quieras. El universo suele enamorarse de los corazones obstinados». - J. M. Storm

Por favor, recuerda que nada es para siempre. No estás atrapada. Tienes elección. Piensa en nuevas ideas, haz planes nuevos, aprende algo nuevo, imagina cosas nuevas, emprende proyectos nuevos, conoce a gente nueva, adopta nuevos hábitos.

Lo que importa es la decisión que tomas hoy, y que no mires atrás.

¡Tú puedes! El éxito no se construye desde el éxito. Se construye desde los fracasos. Se construye desde las frustraciones. Se construye no rindiéndose nunca. Hazlo lo mejor que puedas sin esperar nada y deja que el universo se ocupe del resto.

¡Sigue intentándolo!   ¡Sigue creyendo!

No te rindas.   Ya llegará tu momento.

Cada día es una nueva oportunidad. Respira hondo, sonríe y empieza otra vez.

¿Qué objetivos te gustaría conseguir en la vida?
Anótalos. Sé tan específica como puedas.

Eres increíble

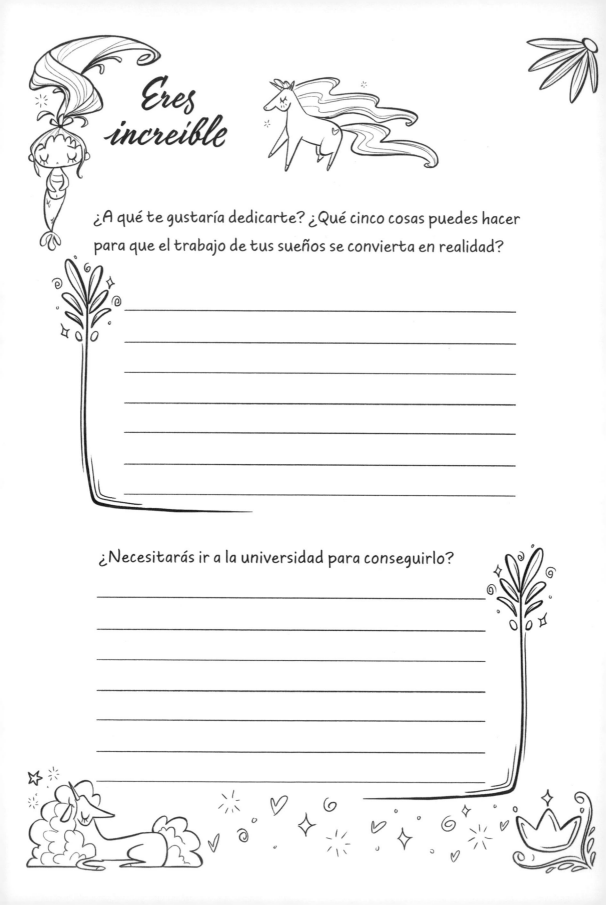

¿A qué te gustaría dedicarte? ¿Qué cinco cosas puedes hacer para que el trabajo de tus sueños se convierta en realidad?

_____
_____
_____
_____
_____
_____
_____

¿Necesitarás ir a la universidad para conseguirlo?

_____
_____
_____
_____
_____
_____

¿Conoces a alguien que se dedique al trabajo de tus sueños?

_____

_____

_____

_____

_____

_____

_____

¿Te atreves a investigar y averiguar qué hizo para lograrlo?

_____

_____

_____

_____

_____

_____

_____

Eres increíble

ELIJO SER VALIENTE COMO UN LEÓN, ¡AUNQUE SOLO SEA POR HOY!

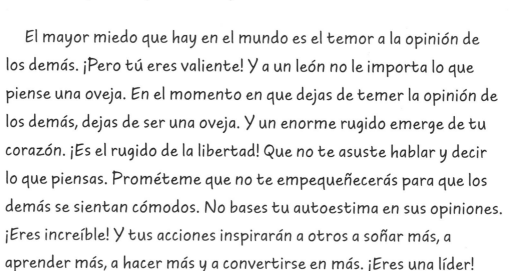

Lánzate: alza tu voz, sé lo bastante valiente como para escuchar tu corazón y lo bastante fuerte como para vivir la vida que siempre has imaginado.

El mayor miedo que hay en el mundo es el temor a la opinión de los demás. ¡Pero tú eres valiente! Y a un león no le importa lo que piense una oveja. En el momento en que dejas de temer la opinión de los demás, dejas de ser una oveja. Y un enorme rugido emerge de tu corazón. ¡Es el rugido de la libertad! Que no te asuste hablar y decir lo que piensas. Prométeme que no te empequeñecerás para que los demás se sientan cómodos. No bases tu autoestima en sus opiniones. ¡Eres increíble! Y tus acciones inspirarán a otros a soñar más, a aprender más, a hacer más y a convertirse en más. ¡Eres una líder!

¡Colorea
este dibujo!

Eres increíble

IMAGINA que tuvieras una varita mágica.

¿Qué desearías?

_____

_____

_____

_____

_____

_____

_____

IMAGINA que te convirtieras en tu superhéroe/ superheroína favorito.

¿Qué harías?

_____
_____
_____
_____
_____
_____
_____
_____

_____
_____
_____
_____

Eres increíble

¡ME AMO!

«Como te amas a ti mismo es como enseñas a los demás a amarte». - Rupi Kaur

Cuando te amas a ti misma, ¡tu alma se ilumina! De forma automática, te sientes atraída hacia personas que respetan, aprecian y comparten tu energía. Todo empieza con cómo te sientes contigo misma. Deberías comer como si te amaras. Moverte como si te amaras. Hablar como si te amaras. Actuar como si te amaras.

El amor hacia ti misma empieza por el respeto, y la base del respeto es pensar de forma positiva sobre ti misma. Tú, tanto como cualquier otra persona, mereces todo tu amor y amabilidad. Sé una fuente de inspiración para ti misma, ten confianza en tus capacidades y quiérete. Nunca dudes de quién eres. Dedica tiempo a descubrirte y conocerte. Al fin y al cabo, la única persona con la que compartirás de verdad toda tu vida eres tú.

Para empezar a amarte a ti misma, di estas afirmaciones en voz alta.

- Me aceptaré con amor tal como soy en este momento.

- Apreciaré toda la belleza que me convierte en quien soy.

- Agradeceré con frecuencia todo lo que tengo.

- Confiaré en mi capacidad para cuidarme, pero no tendré miedo de pedir ayuda si la necesito.

- No me criticaré.

- No criticaré a los demás.

- Me perdonaré cuando cometa un error.

- Seré amable con los demás sin sacrificar mis necesidades.

- Tomaré las riendas de mi vida.

- Me amaré todo lo que pueda.

Eres increíble

SOY CONSCIENTE DE MIS EMOCIONES.

Recuerda: el autoconocimiento emocional consiste en identificar y entender lo que sientes y la manera en que esas emociones afectan a tu manera de actuar y a tu comportamiento. Las sensaciones y sentimientos son como las olas del mar. Algunas rompen contra ti, mientras que otras te acarician suavemente, pero siempre vienen y van. Y, pese a que no podemos hacer nada por evitarlo, sí podemos ser conscientes de su presencia para que no nos arrollen. La paz interior empieza en el preciso momento en que elegimos no permitir que nada ni nadie del exterior altere nuestras emociones y sentimientos.

¡Trata de aceptar tus sentimientos sin juzgarlos!

Por favor, recuerda que tú no eres tus emociones. Pronuncia la frase siguiente en silencio o en voz alta (cuando sea posible): «Puedo manejar esta emoción. Soy fuerte y soy capaz de manejarla con comodidad, sabiduría y serenidad».

Todas mis EMOCIONES

¡Describe situaciones en las que hayas sentido
las siguientes emociones!

Me sentí FELIZ cuando...

_____

Me sentí CALMADA cuando...

_____

Me sentí CONFUSA cuando...

_____

Me sentí NERVIOSA cuando...

_____

Me sentí AVERGONZADA cuando...

_____

Me sentí ENFADADA cuando...

_____

Me sentí TRISTE cuando...

_____

Eres increíble

MIS EMOCIONES

Colorea las emociones de esta página de acuerdo con la leyenda.

COLOR	ME SIENTO ASÍ...
Verde	A menudo
Azul	A veces
Amarillo	Nunca/casi nunca

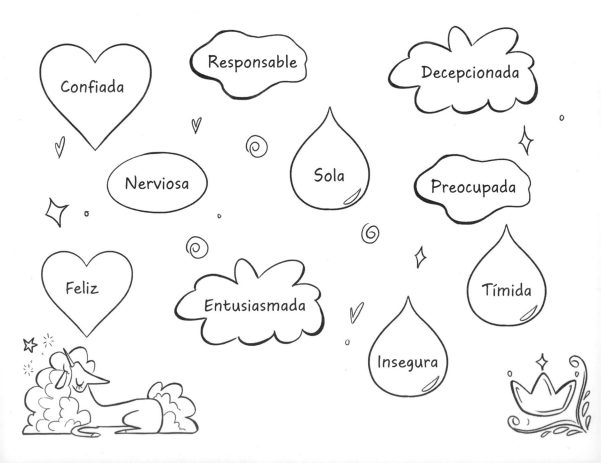

Confiada

Responsable

Decepcionada

Nerviosa

Sola

Preocupada

Feliz

Entusiasmada

Tímida

Insegura

Eres increíble

PERDONO.
EL PERDÓN ES UN ACTO
DE AMOR HACIA MÍ MISMA.

Tardé mucho tiempo en darme cuenta de lo que significaba perdonar a alguien. No sabía cómo podía perdonar a alguien que me había lastimado. Pero, después de darle muchas vueltas, me di cuenta de que el perdón no tiene nada que ver con aceptar o disculpar el comportamiento de esa persona que te ha herido. Tiene que ver con soltar, con dejar ir, para que no perturbe tu paz interior. A veces, las personas nos hacemos daño las unas a las otras. Nos ocurre a todos, ya sea a propósito o por accidente, arrepintiéndonos o no. Es parte de lo que somos. La belleza reside en nuestra capacidad de soltar, de sanar y de perdonar. Recuerda: ¡eres increíble!

«Perdona, no porque la otra persona merezca el perdón, sino porque tú mereces paz interior».

- J. L. H.

IMAGINA
que perdonas
a alguien que
te ha herido.

¿Cómo cambiaría tu vida?

_____

_____

_____

_____

_____

_____

_____

Eres increíble

SIGO LOS DICTADOS DEL CORAZÓN.

Si algo te entusiasma y te da miedo al mismo tiempo, tal vez signifique que debes lanzarte y hacerlo. Ten la valentía de seguir tu instinto y los dictados del corazón. Deja que te guíen cuando te sientas perdida. Síguelos allá adonde quieran llevarte. ¡Sé valiente! Deja que tu intuición te muestre el camino.

Déjate aconsejar, pero sigue tus sueños y lo que te dice el corazón. No permitas que los califiquen de absurdos o estúpidos. Si algo es importante para ti, lucha por ello. Mereces ser feliz.

En lugar de hacer caso a tus dudas y miedos, trata de seguir los dictados del corazón. Solo así encontrarás a las personas y lugares que están destinados de verdad para ti.

Mis sueños para el futuro

Eres increíble

Imagina que pudieses ver lo que hay en lo más profundo de tu corazón.

¿Qué crees que encontrarías?

Imagina que pudieras darle
un consejo al mundo.

¿Qué consejo le darías?

Eres increíble

ESTOY LISTA PARA DAR EL PRIMER PASO.

«Un viaje de mil kilómetros empieza con un pequeño paso». - Lao Tse

Para lograr algo en la vida, debes empezar justo en el lugar en que te encuentras. Y, aunque dar el primer paso puede intimidarte, el camino también está lleno de emociones y oportunidades. Está repleto de grandes promesas y de la seguridad de que lo que tenga que ocurrir ocurrirá.

El secreto para tenerlo todo es creer que ya lo tienes. ¡Y tú eres única! Así que da un primer paso con confianza. No te lo pienses dos veces. No te preocupes. No necesitas ver todo el camino. Solo da el primer paso.

En cuanto abandones tu zona de confort, tu mundo cambiará. ¡Ten un sueño y da el primer paso!

Afirmación: estoy dispuesta a dejar a un lado el miedo y dar ese primer paso.

Dime, ¿hay algo que siempre habías
querido hacer, pero que te daba miedo?

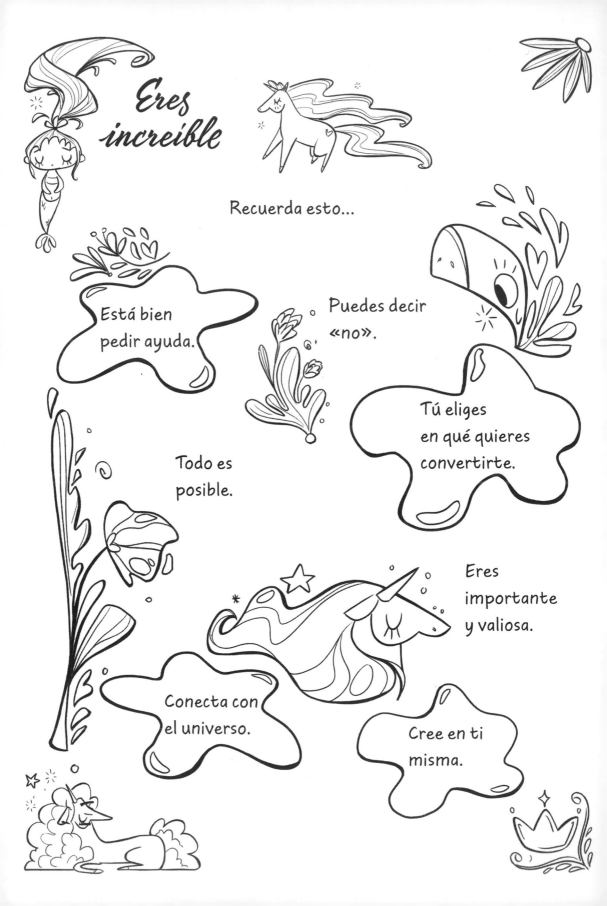

Eres increíble

Recuerda esto...

Está bien pedir ayuda.

Puedes decir «no».

Tú eliges en qué quieres convertirte.

Todo es posible.

Eres importante y valiosa.

Conecta con el universo.

Cree en ti misma.

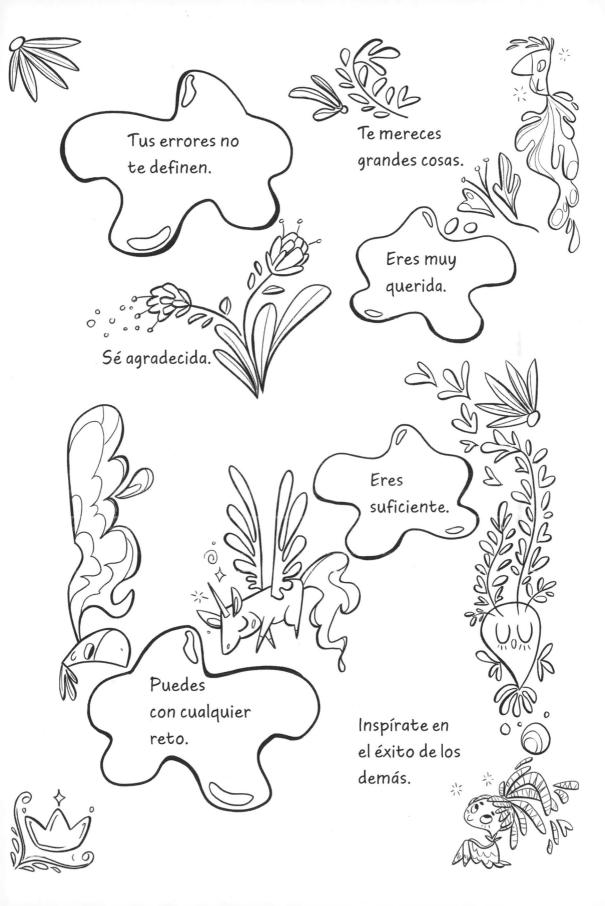

Tus errores no te definen.

Te mereces grandes cosas.

Eres muy querida.

Sé agradecida.

Eres suficiente.

Puedes con cualquier reto.

Inspírate en el éxito de los demás.

Eres increíble

CELEBRO LA VIDA Y SONRÍO.

Cada día de tu vida es una ocasión especial. ¡Aprecia cada momento! ¡Disfruta!

Se supone que debes llenar tu vida de todas aquellas cosas maravillosas que te colman de alegría el corazón. Se supone que debes vivir de manera que tu alma se ilumine y resplandezca de dentro hacia fuera. Celebra todas tus victorias, pequeñas y grandes. ¡Crece cada día! ¡Cuídate! Elogia a los demás siempre que puedas. Crea cosas artísticas. La vida está para vivirla. Toma una bocanada de aire fresco. Sal a pasear y contempla ese maravilloso cielo tan azul. Explora la naturaleza: abraza un árbol, observa a los animales, disfruta del amanecer. Recréate en todas las pequeñas cosas que ofrece la vida. Aprende a apreciar los momentos de calma.

Honra tu salud, tu fortaleza, tu sonrisa, tu vida.

Completa estos corazones:

QUIERO aprender
más sobre...

QUIERO ir a...

QUIERO probar...

ÁMATE
lo suficiente
como para
dudar
y aprender.

QUIERO dejar ir...

Siento AMOR
cuando...

QUIERO leer libros
sobre...

QUIERO crear...

Eres increíble

Imagina que esa pequeña
voz en tu interior
hablara más fuerte.

¿Qué diría?

Imagina que tuvieras
una red y que pescaras
uno de tus momentos
favoritos.

¿Cuál sería?

Eres increíble

SOY CREATIVA.

«¡La creatividad es la inteligencia divirtiéndose!».

- Albert Einstein

Ser creativa es ser tú misma. La creatividad es la prolongación natural de nuestro entusiasmo. ¡Trata de pensar en algo nuevo cada día! ¡Crea música, juega con colores, escribe un poema, haz una escultura! Ser creativa es ver lo mismo que todos ven, pero pensando en algo diferente. ¡La esencia de la vida está en ser creativa! Un aspecto esencial de la creatividad es que no teme al fracaso. Cuando creamos, la aventura de hacer algo único nos entusiasma y somos más felices. ¡Trata de crear! ¡Trata de crear algo hoy!

¡Explica qué te gusta crear!

Me encanta crear...

Eres increíble

SOY SUFICIENTE.

¡Eres valiosa! Por si lo habías olvidado: tú importas. Eres querida. ¡Eres suficiente! Naciste ya siendo suficiente, completa. Nada de lo que digas o hagas puede cambiarlo. Tienes lo necesario. Tal como eres, en este momento, eres suficiente. Eres lo suficientemente fuerte, lo suficientemente valiente y lo suficientemente capaz. Eres valiosa. Es hora de dejar de dudar y de empezar a creer en ti misma. Nadie ve el mundo como tú y nadie alberga la misma magia en su interior. ¡Eres única! Es hora de que empieces a creer en el poder de tus sueños. Estás lista. ¡Estás completa!

Cuéntame más.

¿Cuál ha sido el mejor elogio que has recibido en tu vida?

¿Qué ves cuando te miras al espejo?

¿Cómo crees que te ven los demás?

ESTOY PINTANDO MI OBRA MAESTRA.

Tu vida es tu obra maestra, tu creación. Tú eres la artista. ¡Y nadie puede vivir tu vida! Pinta tu obra maestra, píntala con amor, con pasión. Tú decides todos los detalles de tu lienzo, hasta los más pequeños: los colores, las texturas, los brochazos, todo.

No tengas miedo a probar cosas nuevas o a añadir más colores, porque tu lienzo es precisamente para eso. Utiliza tonos vivos, comete errores, empieza de nuevo cuando te apetezca. Es tu vida y tu obra maestra; créala con amor, créala con cariño y amabilidad.

Dibuja un retrato de ti misma con tu atuendo favorito.

Eres increíble

IMAGINA que pudieras hablar con tu personaje de libro favorito.

¿Quién sería? ¿Qué le dirías?

_____

_____

_____

_____

_____

_____

_____

¡Enumera los lugares
a los que deseas ir!

Eres increíble

ELIJO PENSAMIENTOS POSITIVOS.

Los pensamientos positivos crean emociones optimistas y atraen experiencias vitales positivas. Una mente positiva busca maneras para llevar a cabo una tarea; una mente negativa busca las maneras en que no puede hacerse. Ser positiva no significa que todo nos parece bien; significa cambiar la mentalidad para ver el lado bueno de todas las cosas.

Ponte tu mejor sonrisa; entrena tu mente para que vea la parte buena de todo. Elige ser positiva. La felicidad de tu vida depende de la calidad de tus pensamientos positivos. Cuando te concentras en lo bueno, lo bueno crece. Si empiezas un gran día con un pensamiento positivo, atraes otros acontecimientos positivos durante el resto de la jornada. Cultivar el pensamiento positivo no es esperar que ocurra lo mejor, sino aceptar que, pase lo que pase, es para mejor.

Eres increíble

Diálogo interior positivo

Me sentí bien cuando...

Estoy orgullosa de mí misma porque...

Me lo pasé muy bien cuando...

Lo que me hace única es...

Lo que me gusta de mí misma es...

Una cosa interesante de mi día ha sido...

De este error aprendí
que...

Me
encanta mi...

He logrado...

Lo mejor del día
ha sido...

Me siento fuerte
cuando...

Soy buena
en...

Eres increíble

EL PODER DEL TODAVÍA

«No lo he conseguido... TODAVÍA».

«No soy buena en esto... TODAVÍA».

«No lo he entendido... TODAVÍA».

«Esto no tiene sentido... TODAVÍA».

«Esto no funciona... TODAVÍA».

¡Todo lo que ignoras es algo
que puedes aprender!

Tal vez no sea fácil, pero eso no significa que no
vayas a lograrlo. Recuerda: ¡eres increíble!

Dime cosas que no puedas hacer... TODAVÍA.

No puedo hacer
esto todavía...

¿Qué puedo hacer
para aprender?

Eres increíble

¡SOY ATREVIDA! ¡SOY LIBRE! ¡SOY YO MISMA!

«Cuando se es uno mismo, se brilla con luz cegadora».

- Roy T. Bennett

¡No hay nadie como tú! Posees talentos y capacidades diferentes. No tienes que seguir siempre la senda que han marcado otros. NO...

Estás aquí para crear tu visión propia y trasladarla a tu vida. Estás aquí para romper con lo ordinario, para fijar nuevas reglas, para cambiar las cosas. Estás aquí para ser tú misma y para ser diferente. Estás aquí para vivir tus sueños más atrevidos y para crear tu propia realidad. Estás aquí para perseguir tus pasiones, porque solo tú puedes lograrlo. Y, si estás pensando en ser original, solo sé tú misma, porque Dios jamás ha creado a dos personas iguales.

SENTIR

AYUDAR

VER

PROBAR

DISFRUTAR

¡Coloréalo!

Eres increíble

¡MIS PALABRAS SON PODEROSAS! LAS EMPLEO SABIAMENTE.

«Las palabras que son verdaderas y a la vez amables pueden cambiar el mundo». - Buddha

Las buenas palabras producen buenos sentimientos. Y, cuando alguien no valora lo que dices, la mejor actitud es la del silencio. Las plantas crecen cuando les hablamos con amabilidad, así que imagina los efectos de hablar con amabilidad a las personas.

Las palabras pueden herir o pueden curar. Pueden romper un corazón o sanarlo. Pueden atormentar el alma o proporcionarle libertad. Pueden aplastar sueños o hacerlos nacer. Pueden crear límites o disolverlos.

Las palabras son poderosas. Elígelas sabiamente.

¿Le has hablado a alguien con dureza en alguna ocasión?
Explícalo.
1. ¿Cómo te sentiste?
2. ¿Cómo lo arreglaste?

LA AMABILIDAD EMPIEZA CONMIGO.

«Ah, la amabilidad. Qué manera más sencilla de decirle a otra alma en apuros que hay amor en este mundo». - A. A. Malee

¡Eres cercana! Conviértete en la que hace que los demás se sientan incluidos. Desconocemos por lo que estarán pasando. Así que sé siempre amable. Puede que olviden lo que has dicho. Puede que olviden lo que has hecho. Pero nunca olvidarán cómo los hiciste sentir. Un caluroso abrazo, una sonrisa o un par de palabras agradables pueden ayudar más de lo que crees. Tu amabilidad puede cambiar la vida de una persona. Sé amable con tu familia, con tus amigos e incluso con los desconocidos. Tal vez la persona que tienes delante necesita ese abrazo sincero o que la escuches. Que te conozcan por tu compasión. Cada acto de amabilidad hace florecer el espíritu e ilumina el alma. Infravaloramos demasiado a menudo el poder de un abrazo, de una sonrisa, de una palabra amable, de un momento de atención desinteresada o de un sencillo acto de amabilidad. Y en todos ellos reside la promesa de cambiar una vida.

Lleva a cabo un acto de amabilidad al azar sin esperar recompensa. Coloréalos a medida que los hagas.

Dejar una nota a alguien con unas palabras amables.

Hacer un cumplido.

Dar un abrazo.

Recoger basura.

Escribir una carta de agradecimiento.

Dejar una nota a alguien de clase con unas palabras positivas.

Hacer de voluntaria.

Sostenerle la puerta a alguien.

Donar libros y juguetes usados.

Encargarte de una tarea de tu madre u otro miembro de la familia.

Ayudar a alguien que haya tenido un mal día.

Perdonar a alguien.

Eres increíble

SOY CONSCIENTE.

El *mindfulness* o atención plena es ser consciente, estar presente en el momento, concentrarse en la respiración y prestar atención a tus pensamientos a medida que llegan. Nuestra vida está moldeada por nuestra mente; nos convertimos en lo que elegimos pensar. Tu mente creerá todo lo que tú le digas, así que aliméntala con buenos pensamientos. Nútrela de verdad. Nútrela con atención. Habrá días malos. No todo va a salir como tú quieres. Te enfadarás. Pero puedes manejar ese sentimiento. Prueba a reducir la velocidad, respirar profundamente y prestar atención a tus emociones.

¡Eres increíble! Y debes saber que lo que sientes, sea lo que sea, está bien. Escucha a tu cuerpo. Observa las sensaciones que estás teniendo. Presta atención a tu mente, a lo que dice. ¿Son palabras de apoyo, comprensivas, o más bien son groseras? ¿Estás siendo amable contigo misma? Deja que tu respiración se impregne de gratitud. Agradece el poder respirar, comer, caminar, concentrarte, hacer preguntas y meditar. Así es como se practica la consciencia plena. Así es como tomamos consciencia de nuestras mentes.

Escribe en cada uno de los siguientes óvalos algo que te inquiete y que necesites soltar.

VIVO EN EL PRESENTE.

Si ocupamos nuestras mentes con pensamientos sobre el pasado o el futuro, no estamos apreciando de verdad el presente. Quédate aquí, presente en este momento. Reproducir recuerdos amargos causa ira y angustia. Preocuparse por el futuro creará ansiedad. Practica permanecer en el presente. Te sanará. Vivir en el presente es la mejor actitud para vivir en paz.

Disfruta del punto en que te encuentras ahora, en este preciso instante, en el presente. Se supone que estás justo donde debes estar. Siempre nos mortificamos con pensamientos negativos, atrapados en «el lugar en que deberíamos estar». Eso solo causa estrés y ansiedad. Quédate aquí. Mantente presente. Ama este momento. Quiérete tal como eres.

Concentrémonos en el ahora.

«Respira, y, con cada exhalación, despréndete de las expectativas, del miedo, del arrepentimiento y de la frustración. Despréndete de la necesidad de aprobación constante. No necesitas nada de eso». - Surya Das

Afirmaciones para vivir en el presente

Hoy será un gran día.

Todo irá bien.

Estoy al mando de mi vida

y de mis emociones.

Estoy rodeada de personas que me quieren.

Tengo mucho por lo que estar agradecida.

Todo lo que necesito está

en mi interior.

Mañana será mejor.

Eres increíble

ESTOY PRESENTE.

Coloréalos según los realices.

Oler una flor.

Correr tras una mariposa.

Hacer un pícnic al aire libre.

Mirar las estrellas.

Abrazar (sin razón alguna).

Abrazarse en grupo toda la familia.

Respirar hondo.

Dibujar un arcoíris.

Leer uno de tus libros favoritos.

Agarrarse de las manos y saltar.

Escuchar el canto de los pájaros.

Darse un baño caliente.

Recoger flores silvestres.

Sonreír.

Mirar al cielo.

Caminar de puntillas.

Dejar una nota especial a alguien.

Mirar las estrellas.

Encender una vela.

Leer un libro al aire libre.

Hacer fotos.

Tomarse un helado.

Contar pájaros.

Reír.

Agarrarse toda la familia y formar un círculo.

Hacer cosquillas.

Garabatear.

Mirar las nubes.

Sentir la corteza de un árbol.

Dar vueltas sin parar.

Mirar la luna.

Decir «te quiero».

Contemplar el atardecer.

Eres increíble

YO ELIJO MIS PENSAMIENTOS.

Tu felicidad depende de la calidad de tus pensamientos. Elige tus pensamientos sabiamente porque son la energía que nutre tu vida. Imagina que tu mente es como un huerto, y que tus pensamientos son las semillas. Tú eliges qué semillas deseas plantar. Puedes escoger plantar amor, esperanza y abundancia, o puedes plantar semillas de ansiedad, miedo y celos.

Nos convertimos en aquello a lo que prestamos atención y tiempo. Cuando llenas tu mente con pensamientos de bondad, amor, confianza, esperanza y alegría, tu realidad se convierte en precisamente eso. Comenzarás a ver amor, esperanza y bondad por todas partes.

A medida que transcurre el día, te sentirás positiva e irás observando muchas más muestras de los pequeños placeres de la vida. Ya has escuchado tus miedos y dudas, y nunca te han hecho feliz. Ha llegado la hora de elegir el amor. Ha llegado la hora de creer en ti. Aprende a elegir tus pensamientos igual que escoges tu ropa todos los días.

En lugar de:
¡Soy un desastre!
Soy un fracaso.
¿Por qué ha pasado esto?

Prueba con:
Soy humana.
Estoy aprendiendo.
¿Qué puedo aprender?

¿Qué pensamientos alberga tu mente?

Eres increíble

APRENDO DE MIS ERRORES.

«Quien nunca ha cometido errores nunca ha probado a hacer nada nuevo». - Albert Einstein

¡Eres poderosa! Y tienes derecho a cometer errores. Tienes derecho a fracasar. ¡Los problemas son las señales que te indican el camino! Tienes derecho a empezar de cero. Tienes derecho a cambiar de opinión. Tienes derecho a intentarlo una y otra vez. Tienes derecho a luchar. No existen los caminos completamente rectos. Y el tuyo girará y girará en direcciones que jamás habrías imaginado. La vida te traerá altibajos inesperados que te volverán más fuerte. Llegarás a tu destino a su debido tiempo, así que no tienes que saberlo todo ahora mismo. Rendirse es lo más fácil del mundo. Pero la auténtica fortaleza es persistir cuando lo normal es que te desmorones. Aprende de cada error, porque cada experiencia está ahí para enseñarte y moldearte como la persona que eres.

No pasa nada si te equivocas.

Piensa en un momento de tu vida en que hayas cometido un error.

¿Qué sucedió?

_____

_____

_____

_____

_____

_____

¿Qué hiciste?

_____

_____

_____

_____

_____

_____

¿Qué aprendiste del error?

_____

_____

_____

_____

ME CONTENTO CON LO QUE ME TOCA.

«Cuando nos contentamos con ser simplemente nosotros mismos y no nos comparamos o competimos con los demás, hallamos el respeto». - Lao Tse

Cada minuto que pasas deseando tener la vida de otra persona es un minuto dedicado a desperdiciar la tuya. Siempre habrá alguien que tenga un poco más que tú, y siempre habrá alguien que tenga menos. Deja de comparar. Empieza a aceptar donde estás en este preciso momento, porque nunca serás feliz si no aprendes a amar tu imperfecta vida cotidiana. A la única persona a la que debes tratar de superar es a tu yo de ayer.

¡Eres única! No compares tu camino con el de los demás, porque cada persona recorre el suyo. La comparación mata la creatividad. Tú también tienes tu espacio. Nadie tiene tu voz, tu experiencia ni tus ideas. La felicidad se encuentra en dejar de compararte con los demás.

No considero a nadie como mi competidor. No tenemos los mismos sueños, objetivos, deseos ni capacidades. No somos iguales.

Eres increíble

SOY AUTÉNTICA.

La autenticidad es cuando dices y haces cosas que crees de verdad. Es conocerte a ti misma y ser lo bastante valiente para aceptarte y vivir de acuerdo con ello.

Cuando dejes de fingir no ser quien eres realmente y, en su lugar, inviertas toda esa energía en ser tú misma, tu vida se transformará. Ya no te preocupará que no te acepten, porque estarás concentrada en, sencillamente, ¡ser TÚ! Cuando ya no simulas ser otra persona, tu verdadero yo sale a la luz y te conviertes en quien estabas destinada a ser. La autenticidad es una práctica, una elección consciente de cómo queremos vivir nuestras vidas. Consiste en ser honesta con lo que has elegido y permitir que aflore tu verdadero yo.

Trata de ser auténtica, de ser totalmente tú, para que así los demás también se sientan cómodos siendo ellos mismos.

Preguntas para descubrirte a ti misma

¿Qué
te apasiona?

¿Qué
te hace feliz?

¿Qué haces
para que el mundo
sea un lugar mejor?

Me gustaría
saber más cosas
sobre...

Cuando sea
mayor, quiero...

Para mejorar
el mundo,
inventaría...

Eres increíble

IMAGINA
que el próximo año
tu mayor ilusión
se convierte en
realidad.

¿Qué desearías?

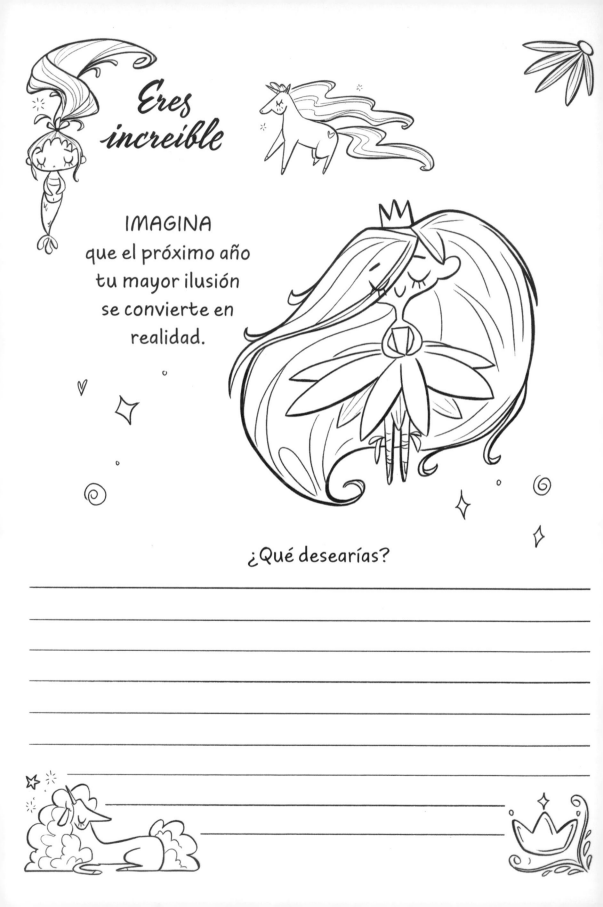

IMAGINA
que pudieses decir en voz
alta algo que llevas desde
hace tiempo en el corazón,
pero que nunca te has
atrevido a pronunciar.

¿Qué dirías?

Eres increíble

¡DISFRUTO DEL CAMINO!

¡Camina y observa! No esperes que todo sea perfecto. Acepta y aprovecha tu momento en el camino, incluso si no es el lugar en el que desearías estar. Todo ocurre por un motivo. No necesitas saber qué sucederá después. No tienes que entenderlo todo en este momento. No necesitas conocer toda tu historia.

Eres un alma humana que cambia y crece, que recorre un camino vital único y muy hermoso. Y eso es exactamente lo que es: un camino. Y no lo sería si supieras lo que va a ocurrir. No sería un camino si supieras cómo y dónde acaba. Por tanto, sé paciente contigo misma y sonríe hacia lo desconocido, porque tu historia está empezando a escribirse.

¡Mis mejores recuerdos!

Eres increíble

SOY CONSTANTE.

«Cuando un río atraviesa una roca, no es gracias a su poder, sino a su constancia». - Jim Watkins

«Muchos de los fracasos de la vida han sido de personas que no supieron darse cuenta de lo cerca que estaban del éxito cuando se rindieron». - Thomas Edison

Sé esa chica que cree que todo es posible y que está dispuesta a esforzarse para lograrlo. Puede que estés a unos segundos de conseguirlo. Es por eso por lo que sigues adelante; es por eso por lo que sigues intentándolo. Es por eso por lo que, cuando te caes, vuelves a levantarte. Muchas personas se rinden incluso antes de intentarlo. Lo dejan correr porque no va tan rápido como les gustaría o el resultado no es el que esperaban.

Así que recuerda: algunas de las cosas más importantes del mundo las han hecho personas que siguieron intentándolo pese a que toda esperanza parecía perdida. Lo bueno se hace esperar.

Sé paciente, y también llegará tu hora.

Eres increíble

Imagina que pudieras enviar un mensaje especial mediante una paloma mensajera.

¿Qué pondría
y a quién
se lo
enviarías?

Imagina que
siembras tus
sueños.

¿Qué te
gustaría
cultivar?

Eres increíble

¡LEER ES DIVERTIDO!

¡Una chica que lee se convertirá

en una adulta que piensa!

La lectura es a la mente

lo que el ejercicio al cuerpo.

«Cuanto más leas, más sabrás. Los libros hacen

que el universo tenga alma, que el viento tenga

alas, que la imaginación vuele y que todo tenga

vida. Cuanto más sepas, más lejos llegarás. De

verdad creo que algo mágico ocurre cuando lees

un buen libro». - Dr. Seuss

¿Cuál es tu libro favorito? ¿Por qué te gusta tanto?

_____

_____

_____

_____

_____

_____

_____

_____

_____

_____

_____

_____

_____

_____

_____

_____

_____

_____

_____

Eres increíble

¡Aquí tienes 11 hábitos de chicas que triunfan!

1. Viven en un estado de gratitud.
2. Son capaces de controlar su mente y sus pensamientos.
3. Se instruyen a sí mismas.
4. Cometen errores, aprenden de ellos y siguen adelante.
5. Saben lo importante que es cuidar de sí mismas y de su salud.
6. Saben lo importante que es ser independiente.
7. Sonríen y ríen muy a menudo.
8. Se fijan objetivos y se esfuerzan y perseveran por conseguirlos.
9. Apoyan y ayudan a otras chicas y se alegran de sus éxitos.
10. Ayudan a los demás con amabilidad.
11. Son auténticas.

¡Eres increíble! Deseo que hayas disfrutado de este diario personal y que algunas de mis sugerencias te hayan sido útiles.

Si deseas ponerte en contacto conmigo, por favor, escríbeme a:
PenMagicBooks@gmail.com

Con amor y agradecimiento,
Pragya Tomar

Este DIARIO
se terminó de imprimir
en el mes de junio de 2023.